Titre issu de la série Peppa Pig. Peppa Pig a été créée par Neville Astley et Mark Baker.
PEPPA PIG © ASTLEY BAKER DAVIES LTD/ENTERTAINMENT ONE UK LTD 2003. Tous droits réservés.
www.peppapig.com
© Hachette Livre, 58 rue Jean Bleuzen, 92178 Vanves CEDEX. Tous droits réservés.
Dépôt légal : juillet 2015. Édition 05. Achevé d'imprimer par Canale en Roumanie en février 2016.
Rédaction : Anne Marchand-Kalicky. Maquette : Claire Besset.
Loi n° 49-956 du 16 juillet 1949 sur les publications destinées à la jeunesse.

PAPIER À BASE DE
FIBRES CERTIFIÉES

hachette s'engage pour
l'environnement en réduisant
l'empreinte carbone de ses livres.
Celle de cet exemplaire est de :
400 g éq. CO2
Rendez-vous sur
www.hachette-durable.fr

Peppa va à l'école

hachette
JEUNESSE

Aujourd'hui, c'est la rentrée ! Ce matin,
Peppa et George se sont levés très tôt...

Groin ! Groin !

– Debout tout le monde !
crient-ils en sautant sur le lit
de Papa Pig et Maman Pig.
– Mais, quelle heure est-il ?
demande Maman Pig.
Papa Pig regarde le réveil :
il est à peine six heures du matin !

Peppa et George ont hâte de retrouver tous leurs amis. Dans la cuisine, ils terminent leur petit-déjeuner tandis que Maman Pig boit un café.

— Allez, vite ! Il faut y aller ! disent les enfants, très excités.

Tût ! Tût !

En route ! Papa Pig et
Maman Pig emmènent Peppa
et George à bord de leur belle voiture rouge.

Vroum !

Vroum !

Même Monsieur Dinosaure
accompagne les enfants. George
ne quitte jamais son doudou !

Dans la classe, Madame Gazelle accueille ses élèves.
— Bonjour, maîtresse ! s'exclament Peppa et George
en souriant.

— Bonjour et bienvenue, les enfants, répond-elle gentiment. Faites un gros câlin à vos parents et dites-leur à ce soir !

Madame Gazelle fait l'appel. Elle montre aux enfants les portemanteaux, les toilettes et la place de chacun dans la classe. Sur le tableau, elle leur apprend les chiffres et les lettres.

— 1, 2, 3, 4, 5, 6, 7, récitent les enfants à tue-tête.

— Qui connaît un mot qui commence par « D » ? demande la maîtresse.

— DINOSAURE ! s'écrie George.

– Bonne réponse, George ! le félicite Madame Gazelle.
Maintenant, voici des cubes à empiler.

Emilie Elephant est un peu timide mais Peppa l'encourage.
En un rien de temps, le tour est joué ! Emilie a réussi
à assembler les chiffres et les lettres de l'alphabet.

– Très bien, Emilie ! dit Madame Gazelle. Et si nous faisions un concours de dessin ?

Aussitôt, Peppa distribue des feuilles, des pinceaux et des petits pots remplis d'eau.

Peppa veut faire une fleur pour
Maman Pig et George, un dinosaure
pour Papa Pig.

— Bravo, les enfants ! déclare
Madame Gazelle une fois les peintures
terminées.

La maîtresse accroche les dessins au mur
pour les faire sécher.

C'est la récréation. Peppa, George et les autres enfants se mettent en rang deux par deux, puis sortent à la queue leu leu. Dans la cour, ils jouent à la marelle, à saute-mouton, à la corde à sauter et au cerceau, c'est très rigolo !

Peppa a une idée, qu'elle chuchote à l'oreille
de Madame Gazelle.
  — Les enfants, mettez vos bottes et vos cirés,
demande la maîtresse. Peppa va nous expliquer
les règles de son jeu préféré.
  — C'est facile ! dit Peppa. 1, 2, 3...
On saute à pieds joints dans
les flaques de boue. Wouhou !

Splatch !

Splitch !

Splitch !

Splatch !

Les enfants s'amusent comme des fous. Peppa adore sauter dans les flaques de boue ! Mais l'école est déjà terminée. Quelle bonne journée !

Groin !
Groin !

Splitch !

Splatch !

plitch !

TÛT ! TÛT ! C'est Papa Pig qui vient chercher Peppa et George. En route, direction la maison et... vivement demain, que l'école puisse recommencer !

Retrouve vite les autres histoires de Peppa et George !

Groin !

Peppa part en vacances

Peppa fait du ski

Peppa va à la piscine

Peppa fête Noël

Peppa se déguise